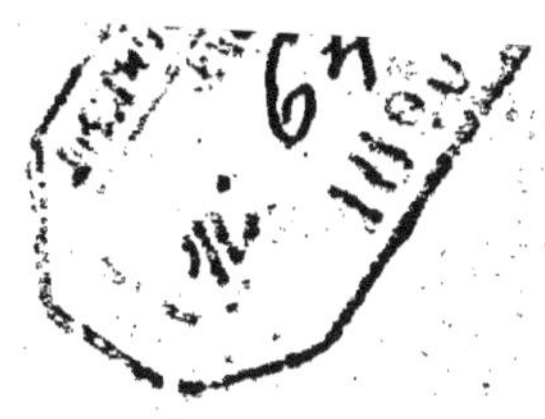

BIBLIOGRAPHIE

LA FRANCHE-COMTÉ

DE M. BOUCHOT

PAR

SANCHO PANÇA

DE DOLE-EN-AMAOUS

DOLE

IMPRIMERIE L. ABRIOT

1890

LA FRANCHE-COMTÉ

DE M. BOUCHOT

L'*Avenir du Jura* du 26 juillet dernier publie de M. Bouchot, auteur d'un gros volume ayant pour titre *la Franche-Comté*, une lettre dans laquelle il nous confesse avoir reçu chaque semaine, depuis l'apparition de son livre, une bordée d'injures par la voie de la poste. Tantôt c'est un Alsacien qui traite l'auteur d'âne pour avoir assimilé le patois d'Alsace à un dialecte allemand, tantôt c'est un habitant des Bouchoux qui l'appelle jésuite, ou quelqu'un de Tavaux qui le taxe d'irréligion. M. Bouchot s'étonne de ce déchaînement de colères. Pour notre compte, si nous avons lieu d'être surpris sur ce point, c'est que les manifestations hostiles à l'auteur ne soient pas beaucoup plus nombreuses.

M. Bouchot ayant jugé spirituel de gouailler ses compatriotes pendant près de cinq cents pages, qu'il soit permis à un vieux Franc-Comtois de lui dire sans acrimonie qu'il s'est étrangement trompé. Notre vieille gaîté gauloise n'a sans doute rien perdu de ses droits, mais encore convient-il de ne pas l'exercer abusivement aux dépens de braves gens sans défense.

En exhalant ses plaintes, M. Bouchot a perdu une belle occasion d'imiter « de Conrard le silence prudent, » et m'en fournit une non moins belle de lui faire savoir ce que les Francs-Comtois pensent et de lui et de son ouvrage.

L'intention de l'auteur, c'est lui qui nous en avertit dans l'Introduction, n'a pas été de rédiger un guide historié ou une compilation érudite, mais de décrire la physionomie moderne de notre Franche-Comté.

Cet avertissement n'était pas inutile, car le texte de *la Franche-Comté* ferait en effet un fort mauvais guide. Nous ne nous sommes pas donné la peine de relever toutes les erreurs que nous y avons rencontrées ; qu'il nous suffise d'en signaler quelques-unes concernant notre ville. M. Bouchot loge la sous-préfecture, le musée et la bibliothèque aux Cordeliers. Or, chacun sait ici que la sous-préfecture occupe depuis soixante-cinq ans l'ancien hôtel de la famille Terray de Monciel. Le musée et la bibliothèque sont dans les bâtiments du Collège de l'Arc ; la seule bibliothèque qu'il y ait aux Cordeliers est la bibliothèque de cave de M. Francis Ell.

Le *lunatic asylum* de la Province, asile des aliénés pour ceux qui ne savent pas l'anglais, ne se trouve pas aux Capucins, faubourg de Dole, mais bien dans l'ancienne maison des Carmes, voisine des Cordeliers. Dans l'église paroissiale, les verrières de l'abside n'ont rien à voir avec le bon vieux temps, elles ne comptent pas quarante années d'existence. Quant à l'hôtel-de-ville, décrit avec complaisance, voilà tantôt dix ans qu'il a été jeté à bas.

L'écrivain a parfaitement réussi également, nous l'avouons sans peine, à éviter l'abus de l'érudition. Aucune digression scientifique, pas même archéologique, ce qui a le droit d'étonner de la part d'un archiviste-paléographe. Il se soucie des vieux tessons et des vieilles murailles comme un poisson d'une pomme et n'a pas assez de quolibets pour les vieux messieurs qui les étudient. Le véritable motif de cette attitude ne réside pas plus dans la crainte de mettre à l'épreuve la patience de son lecteur que dans celle d'être accusé de pédantisme, mais, comme on le verra, dans le désir d'être original à tout prix.

Les manifestations de la science en agriculture et dans l'industrie ne reçoivent pas meilleur accueil. Je ne doute pas qu'on ait voulu ici épargner au lecteur des descriptions ennuyeuses ; mais n'y a-t-il pas là surtout, pour l'auteur, un moyen habile d'esquiver des développements techniques embarrassants ? Qu'on en juge. Prenons le passage relatif à Fraisans et à Moulin-Rouge. C'est un paysan qui a la parole. «... La grande fumée noire, c'est Fraisans-les-Forges ; ça a mieux marché que ça ne marche. La raison pourquoi ? je ne saurais dire, suffit cependant que ça fume moins... Encore une mécanique, le Moulin-Rouge, où on fait des tas de choses avec du bois, mêmement du sucre, de la vanille, et tout le tremblement... » Cette façon sommaire de décrire les industries comtoises n'est pas pour nous satisfaire, ni bien d'autres non plus, n'est-ce pas, M. Crébely ?

Lorsque par mégarde il pousse une pointe sur le terrain scientifique, l'écrivain n'est pas toujours heureux. Est-il bien sûr notamment, ainsi qu'il l'affirme quelque part, que la domination wurtembergeoise n'ait pas laissé de traces dans les coutumes ou le langage du pays de Montbéliard ? Sans entrer en discussion avec lui sur ce point, nous pouvons tout au moins lui faire remarquer que le mot *bôbes* de la chanson patoise des *Bôbes de Tchievremont*, laquelle il nous donne tout au long, est d'origine allemande et n'est pas usité dans le reste de la Franche-Comté. Cet exemple de mot importé n'est du reste pas le seul.

Fixer l'attention du lecteur pendant 450 pages in-4°, tel était l'un des problèmes à résoudre par M. Bouchot en écrivant *la Franche-Comté*. A-t-il réussi dans cette partie de sa tâche ? Quels procédés a-t-il employés pour tendre à son but ? Ce sont là deux questions que nous allons examiner.

L'auteur a obéi à deux préoccupations visibles : émettre le plus possible des idées originales, les exprimer dans un style personnel, aux couleurs variées, éclatantes et rares. Pour n'être point banal, rien de plus facile : voici la formule de M. Bouchot. Dans la partie civilisée de notre pauvre globe terraqué, il y a un certain nombre d'idées généralement admises ; prenez-en exactement le contre-pied, et ensuite déversez le ridicule et la gouaillerie sur les choses qui vous auraient fourni ces idées vieux jeu. Si vous décrivez un site ou un monument, ayez soin de ne pas oublier la note triviale, votre description prendra immédiatement un caractère original. Appliquez sans crainte, et aussitôt vous planerez au-dessus du *profanum vulgus*. Voulez-vous des exemples ?

Les nouveaux modes de culture passaient pour un progrès ; c'est une erreur, et le plus grand mérite des paysans comtois « est bien de ne pas encore s'être laissé surprendre aux nivellements scientifiques de leurs maîtres d'école. » Ils ont raison de se moquer des houes à vapeur, des herses mécaniques et des guanos péruviens.

Il est communément reçu que Mairet, un Franc-Comtois, et Gilbert, qui a fait ses études au Collège de l'Arc, sont des poètes de valeur. Gardez-vous d'en croire un mot. Mairet « écrivait des vers sans art et sans mesure » et Gilbert « ne fut ni malheureux ni poète. »

Si vous avez jusqu'ici pensé naïvement que la Porte-Noire de Besançon constituait un reste précieux de la civilisation romaine en Gaule, hâtez-vous de changer d'avis, ce n'est qu'un « débris inutile et encombrant. »

Et les géologues, archéologues et autres savants en *us* ? Toutes ces antiques perruques qui se mêlent d'étudier les cailloux, les vieilles pierres et les poteries fêlées, de parler et d'écrire en latin et même en français, sont de vieux fous qui prennent des vessies pour des lanternes. Ils ressemblent tous à ce personnage d'une comédie de Labiche qui avait cru de bonne foi, en déterrant des morceaux d'un saladier, mettre la main sur des fragments de vase étrusque.

Joignez à cela tout ce qui, en Comté, ne parle pas patois, et vous serez effrayé de la collection de pédants qui infeste la Province. Vous en trouvez partout. Pédants, les gens de la société bisontine, « versificateurs, quintessenciés, parlant latin ou français sans rompeure ; » pédants, « les bons licenciés de Salamanque » à Dole ; pédante, la ville de Montbéliard en bloc, jusqu'au crayon de

Cuvier inclusivement ; pédantes, les statues de l'hôtel-de-ville de Gray. Mais nous n'en finirions pas.

Je me permettrai d'ouvrir ici une parenthèse et de poser une question au lecteur.

Lequel, à son avis, lui semble le plus pédant, de celui qui a publié un mémoire sur l'emplacement d'Alésia ou sur les fossiles de l'étage oxfordien, ou bien de celui qui appelle le Doubs Meschacebé comtois, le Mont-Roland Chimboraço, l'abbaye de Luxeuil Escurial de la cité, et qui écrit des phrases dans le goût de celles-ci :

A la fin du siècle, nous aurons « des squares phtisiques et des statues déhanchées qui marqueront la minute moderne dans sa régularité béate. »

« Au dessus d'une fontaine, la statue du général Lecourbe intéresse l'ennui mortel d'une place .. »

« Quand, par la route d'Auxonne, on monte jusqu'à lui (à Pesmes), les oxygènes allègent les membres, des faces hilares et rouges vous souhaitent tacitement la bienvenue au domaine égayé du docteur Ox. »

Cela suffit. Il n'y a pas d'erreur, n'est-ce pas ?

Quant à dire dans quelle langue M. Bouchot a écrit sa *Franche-Comté*, on ne le saurait trop. *Grammatici certant.* Les uns penchent pour le français, d'autres pour le patois, enfin il en est qui n'osent hasarder une opinion. Le style de l'ouvrage est, en effet, tout à fait particulier. « On y rencontre, dit M. Beauquier (1), des mots rares, de toutes les origines, de toutes les provenances, depuis les vocables du moyen-âge et du seizième siècle jusqu'aux expressions les plus actuelles, en passant par les divers patois de Franche-Comté. Toujours irrévérencieux, M. Bouchot traite Vaugelas, l'Académie et même Littré avec la plus parfaite désinvolture. Il ne s'inquiète pas de savoir si l'expression qu'il emploie figure dans une de ces nomenclatures officielles qu'on appelle les Dictionnaires de la langue française ; elle lui plaît par son caractère moderne, archaïque ou local, il s'en sert, sans plus de souci du qu'en dira-t-on. Souvent même il se passe la fantaisie de forger des mots nouveaux. »

En somme, cela fait un manteau d'Arlequin aux couleurs bizarres et criardes, pail-

(1) *Temps* du 26 juin 1890.

lelé de clinquant, et, par suite, de fort mauvais goût. Sans compter que l'auteur, pour se rendre intelligible, eût sagement fait d'accompagner son texte d'un lexique et de commentaires. Car enfin, on a beau être Comtois et patoisant, on n'est pas obligé d'entendre le patois de nos trois départements. Je sais ce qu'on appelle ici une *talvane*, un *trappon* de cave, mais combien d'autres l'ignorent ! Les chansons patoises dont on nous sature demandaient même une traduction. Le lexique nous eût fait connaître aussi la signification de mots tels que *turne*, nom que j'ai vainement cherché dans votre dictionnaire, Messieurs de l'Académie française ! Un adjectif qui revient plusieurs fois m'a particulièrement déconcerté, c'est *scalabreux*. *Quid* de *scalabreux* ? ô vénérable Sarcey ! Les commentaires nous eussent donné raison de phrases comme celles que nous avons citées plus haut sur les squares phtisiques, la statue de Lecourbe, les oxygènes de Pesmes et la suivante, auxquelles nous pourrions joindre beaucoup d'autres :

« Un autre débris médiéval tient sa cour en amont de Ray, dans une prouesse ombreuse de bouquets d'arbres. » (Page 366.)

Nous n'insisterons pas davantage sur cette

façon d'écrire qui n'a du reste rien de nouveau, puisque Rabelais s'en est moqué de la façon que l'on sait dans le chapitre de *Pantagruel* intitulé : *Comment Pantagruel rencontra un Limousin qui contrefaisoit le langaige françois*.

« Peut-être relèvera-t-on dans cet ouvrage de chauds enthousiasmes, » nous dit l'Introduction. Nous en avons relevé, en effet, mais ils sont trop rares à notre gré. Par contre, la manie railleuse, dédaigneuse et dénigrante de l'auteur s'est donné libre carrière ; et c'est de là, sans nul doute, que sont nés, chez ses compatriotes, les froissements dont il nous fait part.

Peu de villes ont l'heur de lui plaire. Les habitants de Besançon « se divisent en deux classes distinctes, les vignerons patoisant à outrance et les gens de la société, pédants, versificateurs... » Montbéliard est « une ville calme, endormie, plutôt pédante. » « Le puritanisme des confessions réformées a jeté sur le lieu (la place Saint-Martin) sa note casanière et renfrognée ; Cuvier merveilleusement à l'unisson de ce calme froid avec sa lévite cléricale, sa face de rêveur, et le crayon pédant qu'il manie comme un crucifix. » Ornans est un Molinchard, un Landernau. A Poligny, on ne peut y entrer « sans penser aux bourgeois de Molinchard établis derrière leurs persiennes fermées, cherchant à surprendre les secrets, occupés de leurs voisins, vivant la vie d'autrui du jour de l'an à la Saint-Sylvestre, sans relâche ni merci. »

Mais c'est surtout Dole qui est arrangé de la belle façon. On se perd en conjectures sur les causes qui ont pu amener sous sa plume des appréciations aussi sévères. M. Bouchot aurait-il été mécontent de la réception qui lui a été faite lors des fêtes du 14 juillet 1884 ? Le dîner qui lui a été gracieusement offert le soir de ce même jour lui serait-il resté sur le cœur ? Mystère. Je connais de vieux Dolois qui lui veulent mal de mort ; d'autres, en revanche, et c'est le grand nombre, ne font que s'en gaudir. Nous en avons vu bien d'autres. Les traits de M. Bouchot sont extraits du même carquois que le *telum imbelle sine ictu* de Virgile.

D'après lui, Dole moderne cherche « à dissimuler ses vieilleries comme une honte. » C'est « une dame âgée, une douairière à prétentions. » Besançon lui a joué le mauvais tour de « la réduire à peu de chose, une sous-préfecture de moyenne classe, une manière de canton d'importance nulle, presque la moindre des villes dont elle avait eu la suzeraineté jadis et la direction suprême... Elle en garde une bouderie ennuyée, elle se renfrogne, et, pour mieux faire, elle tente de se raccrocher à des espoirs fous, elle veut *redevenir*... » « Vu du chemin de fer, Dole paraît un gros village neuf, ni plus ni moins... » La Cave d'Enfer « est tombée entre les mains de braves gens qui l'ont encombrée, vilainement remuée. Macoco, le Canaque, n'eût pas montré mieux son dédain des histoires passées et son insouciance barbare. Une plaque commémorative raconte bien l'odyssée (*sic*) des combattants obscurs d'autrefois, mais pensez qu'un jour on en fera une dalle de pavage, comme ce roi nègre qui se ficelait des épaulettes aux pieds en guise de sandales... Bien que morts depuis plus longtemps, les Dolois de la Cave n'en veulent pas moins d'égards que leurs cadets de la mauvaise année ; ils ont semé leurs os dans ce coin, ils sont tombés superbement, ils méritent bien un suaire qui ne soit pas de cotonnade à soixante-quinze centimes le mètre. » (1) Le clocher crève les nuages, « suffisant comme un bourgeois de petite ville, tout fier d'être le premier à Corinthe. » Le Collège, une geôle, est « aussi dépourvu de grâce que les vers de Gilbert l'étaient de poésie... » « Un peu de castillannerie, un soupçon d'emphase madrilène s'est accroché aux pierres (des vieilles maisons) et y est demeuré ; ceux qui savent bien voir vous diraient même que les Dolois ont fait comme leurs maisons, et que les matamores transpyrénéens n'y sont point aussi rares que le pourraient laisser supposer les distances. Dans le nombre, vous rencontreriez les Don Quichotte scalabreux et excessifs, prêts à piquer les moulins à vent d'une lance, les Sancho Pança raisonneurs, tranquilles et sensés, avec, par dessus le marché, les bons licenciés pédants de Salamanque »

Ce n'est pas tout ; mais nous ne voulons pas priver ceux qui ne connaissent *la Franche-Comté* que de nom, du plaisir d'y lire le reste, plaisir qu'ils peuvent se procurer moyennant soixante francs.

(1) Passage qui paraîtra obscur à ceux qui ignorent qu'actuellement la Cave d'Enfer est un magasin de toilerie.

Il serait injuste, avant de quitter ce sujet, de passer sous silence la partie artistique et typographique de l'œuvre. Le travail de M. Eugène Sadoux constitue certainement le recueil de vues à la fois le plus complet, le plus original et le plus soigné que nous ayons sur la Province. Quant à l'exécution matérielle, elle est digne en tous points de l'excellente réputation de la maison Plon et Nourrit.

Quel bel ouvrage ferait *la Franche-Comté*, s'il n'y avait un texte !

SANCHO PANÇA.

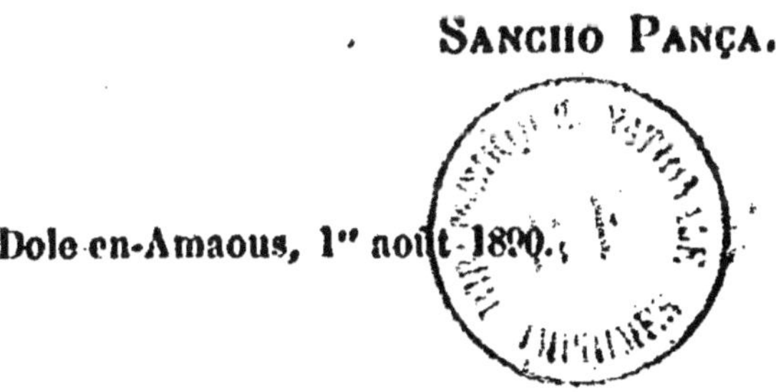

Dole-en-Amaous, 1er août 1890.

www.ingramcontent.com/pod-product-compliance
Lightning Source LLC
LaVergne TN
LVHW020635110826
845149LV00004B/1203

* 9 7 8 2 0 1 9 6 1 9 1 1 4 *